CRIPTOLOGÍA

CADENA DE BLOQUES Y CRIPTOMONEDA

RACHAEL L. THOMAS

ediciones Lerner ◆ Mineápolis

ediciones Lerner
Una división de Lerner Publishing Group, Inc.
241 First Avenue North
Mineápolis, MN 55401, EE. UU.

Si desea averiguar acerca de niveles de lectura y para obtener más información, favor consultar este título en www.lernerbooks.com.

Fuente del texto del cuerpo principal: Aptifer Sans LT Pro.
Fuente proporcionada por Linotype.

Library of Congress Cataloging-in-Publication Data

Names: Thomas, Rachael L., author.
Title: Cadena de bloques y criptomoneda / Rachael L. Thomas ; traducción al Español fue realizada por Zab Translation.
Other titles: Blockchain and cryptocurrency. Spanish
Description: Mineápolis : Ediciones Lerner, 2023. | Series: Criptología. Alternator books en Español | Translation of author's Blockchain and cryptocurrency. | Includes bibliographical references and index. | Audience: Ages 8–12 | Audience: Grades 4–6 | Summary: "Learn about cryptocurrency (decentralized cash systems) and blockchain (the encryption to protect transactions). They are new technologies, but are quickly becoming a key part of the future of finance. Now in Spanish!"— Provided by publisher.
Identifiers: LCCN 2022015306 (print) | LCCN 2022015307 (ebook) | ISBN 9781728477213 (library binding) | ISBN 9781728478005 (paperback) | ISBN 9781728479613 (ebook)
Subjects: LCSH: Cryptocurrencies—Juvenile literature. | Blockchains (Databases)—Juvenile literature.
Classification: LCC HG1710 .T5518 2022 (print) | LCC HG1710 (ebook) | DDC 332.4—dc23/eng/20220511

LC record available at https://lccn.loc.gov/2022015306
LC ebook record available at https://lccn.loc.gov/2022015307

Fabricado en los Estados Unidos de América
1-52357-50714-5/3/2022

CONTENIDO

INTRODUCCIÓN

Era el 3 de enero de 2009 y Estados Unidos formaba parte de una crisis financiera mundial. Los bancos habían prestado más dinero del que la gente podía devolver. Millones de estadounidenses estaban perdiendo sus empleos y sus casas.

Durante el año anterior, el gobierno federal había pagado cientos de miles de millones de dólares a los bancos del país para ayudarlos a recuperarse. El gobierno esperaba que esto hiciera que los bancos y los ciudadanos volvieran a confiar en el sistema financiero.

Mientras un sistema financiero parecía estar a punto de colapsar, otro acababa de nacer. Ese mismo día, un misterioso programador llamado Satoshi Nakamoto realizó la primera transacción con la nueva criptomoneda Bitcoin. La criptomoneda estaba a punto de cambiar los sistemas financieros del mundo.

En abril de 2009, los ciudadanos de Nueva York protestaron contra los rescates bancarios.

Más de dos millones de personas en Estados Unidos perdieron sus empleos en la crisis financiera de 2009.

¿QUÉ ES LA CRIPTOMONEDA?

La economía mundial se nutre de la moneda. La mayoría de las monedas son monedas fiduciarias. Esto significa que están influenciadas o gestionadas por un organismo central, como un gobierno o un banco. El dólar estadounidense es una de esas monedas. La fuerza del dólar está influenciada por la estabilidad del gobierno estadounidense.

Las criptomonedas funcionan de forma diferente a las monedas fiduciarias. El dinero que se intercambia en criptomonedas existe solo como código digital, en lugar de efectivo. Las criptomonedas también suelen estar controladas por los usuarios en lugar de por los gobiernos o los bancos.

La primera criptomoneda exitosa, Bitcoin, se lanzó en 2009. Desde entonces, se han inventado muchas más criptomonedas y se han utilizado de nuevas formas. Las oportunidades que ofrecen pueden cambiar los negocios y la tecnología para siempre.

En 2020, había 180 monedas fiduciarias en el mundo.

Las criptomonedas tienen tres características distintas. En primer lugar, están descentralizadas. Esto significa que no están influenciadas por un organismo rector, como un banco o un gobierno.

En segundo lugar, son transparentes. Cualquiera puede ver los detalles de una transacción en criptomonedas, a diferencia de las transacciones en moneda fiduciaria. La mayoría de los bancos registran las transacciones de los clientes de forma privada. Es imposible que el público vea el historial de pagos de una persona sin permiso.

En tercer lugar, las transacciones con criptomonedas son irreversibles. Una vez que se realiza un pago con criptomoneda, es imposible cambiar los detalles del pago.

CTIM destacado – Matemáticas

La criptomoneda existe como tokens digitales. Estos tokens se generan según un algoritmo matemático. Para que la cantidad de criptomonedas sea predecible, hay un límite en el número de tokens que se pueden generar. Bitcoin tiene un límite de 21 millones de tokens.

Los tokens físicos de bitcoin existen como objetos de colección. No pueden utilizarse como moneda.

La Reserva Federal supervisa el sistema de moneda fiduciaria estadounidense.

Antes de la era digital, los criptólogos crearon sistemas de mensajería secretos para mantener la información segura.

Un sistema con clave pública y privada se denomina sistema de clave pública.

Las criptomonedas confían en la criptología, la ciencia de la información secreta, para mantener la seguridad de la información. La criptología moderna se basa en las matemáticas y la potencia de las computadoras.

En la era digital, las claves criptográficas ayudan a mantener las criptomonedas a salvo de los piratas informáticos. Estas claves son grandes números generados por computadoras. Cuanto más potente es una computadora, más grandes son los números que puede procesar. Estos grandes números son casi imposibles de adivinar para los piratas informáticos.

La mayoría de los usuarios de criptomonedas tienen una clave pública y una clave privada. La clave pública es como un nombre de usuario. Cualquiera puede conocer la clave pública de otra persona. Pero un usuario debe mantener su clave privada en secreto para los demás.

EL NACIMIENTO DE BITCOIN

L as criptomonedas comenzaron a aparecer en las décadas de 1980 y 1990. Una de las más famosas fue el e-gold (oro electrónico). El e-gold fue desarrollado en 1996 por el médico Douglas Jackson y el abogado Barry Downey. Jackson y Downey almacenaban monedas de oro reales en una caja de seguridad. La gente podía comprar y vender acciones digitales del oro en línea. Las acciones se utilizaban como una moneda llamada e-gold.

El sistema de pago de e-gold estaba gestionado de forma centralizada por Jackson, Downey y otros empleados de e-gold. Pero el sistema no estaba bien protegido. Así que los piratas informáticos tomaron como objetivo la empresa e-gold.

Muchos usuarios de e-gold perdieron dinero por culpa de los piratas informáticos. Debido a este y otros problemas, e-gold dejó de funcionar en la década de 2000. El e-gold había demostrado cómo una criptomoneda podía ser vulnerable. La resolución de este problema conduciría a una nueva era de la moneda digital.

El e-gold fue la primera criptomoneda que se utilizó para las compras en línea.

El Bitcoin se utilizó por primera vez para realizar una compra el 22 de mayo de 2010. Un hombre cambió 10,000 bitcoins por dos pizzas. En aquel momento, 10,000 bitcoins valían unos 41 dólares.

En octubre de 2008, Nakamoto reveló sus planes para una nueva criptomoneda, Bitcoin. Nakamoto subió a Internet un documento público de nueve páginas. En él explicaba cómo funcionaría Bitcoin.

En enero, tres meses después de la publicación del documento, se generaron los primeros 50 bitcoins digitales. La primera transacción se produjo tres días después, cuando Nakamoto envió al criptólogo Hal Finney diez bitcoins.

En ese momento, la transacción no fue una gran noticia. Sin embargo, Bitcoin pronto se convertiría en la criptomoneda más valiosa y popular de todos los tiempos.

LA CRIPTOLOGÍA EN EL PUNTO DE MIRA

Satoshi Nakamoto es un seudónimo. Nadie sabe quién es el creador de Bitcoin en la vida real. Los primeros programadores de Bitcoin solo se comunicaban con Nakamoto por correo electrónico. La identidad de Nakamoto nunca fue revelada.

Los negocios comenzaron a aceptar bitcoins como pago en la década de 2010.

Bitcoin tuvo éxito donde e-gold fracasó. En el caso de las monedas fiduciarias, una autoridad central, como un banco, verifica que un pago sea correcto. El e-gold tuvo problemas para mantener un sistema seguro de gestión central como este.

El primer cajero automático de Bitcoin se abrió en 2013. Permitía a los usuarios comprar y vender bitcoins.

Así que, para Bitcoin, Nakamoto inventó un nuevo sistema descentralizado. Este sistema no requería una autoridad central. En su lugar, los usuarios verificaban que las transacciones fueran correctas. Muchos usuarios tenían que verificar una transacción antes de que pudiera ser aceptada.

Antes de Bitcoin, se consideraba imposible crear un sistema de dinero digital sin una autoridad central. Pero el sistema de Nakamoto demostró que esto era un error. Utilizó una tecnología llamada cadena de bloques para hacer que Bitcoin fuera seguro.

TECNOLOGÍA DE CADENA DE BLOQUES

La cadena de bloques combina la tecnología y la criptología para crear registros seguros en línea de las transacciones de Bitcoin. Las entradas en la base de datos de Bitcoin se almacenan como bloques en una larga cadena.

Los detalles de cada transacción de Bitcoin se añaden al bloque más nuevo. Cuando el bloque alcanza un megabyte de datos, está completo. Los usuarios dan al bloque un código único llamado hash. Esto se llama hashing. El bloque se añade entonces a la cadena.

CTIM destacado - Tecnología

La matemática necesaria para crear y aplicar un hash es compleja. Requiere mucha potencia de cálculo. Pueden necesitarse miles de dólares de electricidad para crear un hash.

En enero de 2020, la cadena de bloques de Bitcoin tenía 615,400 bloques.

Empresas como Bitfarms, en Quebec, Canadá, utilizan una potente tecnología para hacer el hash de los bloques.

Cada hash hace referencia al hash del bloque anterior. Así, para alterar una transacción, un pirata informático tendría que cambiar no solo el hash de un bloque, sino los hash de todos los bloques siguientes. La dificultad de esta tarea ayuda a mantener la seguridad de la cadena de bloques de Bitcoin.

En diciembre de 2017, un bitcoin digital valía 19,783 dólares.

Los sistemas de cadenas de bloques descentralizados también mantienen la seguridad de las criptomonedas como Bitcoin. Un sistema centralizado mantiene su información en un solo lugar. Pero un sistema descentralizado, como Bitcoin, puede existir en muchos lugares. Es más difícil para un pirata informático violar la seguridad de un sistema descentralizado.

Cualquier usuario puede conectar su computadora al sistema Bitcoin como un "nodo". Cada nodo alberga una cadena de bloques actualizada. Los bloques añadidos a la cadena de bloques se muestran inmediatamente en las cadenas de bloques de cada nodo. Cuantos más nodos haya, más versiones idénticas de la cadena de bloques existirán.

Bitcoin tiene millones de nodos. Alguien tendría que piratear muchos de estos nodos para entrar en el sistema de Bitcoin.

Al igual que los bitcoins, los tokens físicos de Ethereum existen como objetos de colección. No pueden utilizarse como moneda.

Desde el Bitcoin, se han creado otras criptomonedas que utilizan la tecnología de cadena de bloques. La segunda más grande después de Bitcoin es Ethereum, presentada en 2015. Al igual que Bitcoin, Ethereum es un sistema descentralizado, público y basado en la cadena de bloques.

Ethereum aplica la tecnología de cadena de bloques a otras cosas además de la moneda. Los contratos inteligentes de Ethereum utilizan cadenas de bloques para crear registros comerciales seguros. Los contratos inteligentes se codifican para automatizar los procesos comerciales, como el envío y la recepción de dinero. En 2019, la empresa inmobiliaria ShelterZoom utilizó la tecnología de contratos inteligentes de Ethereum para crear registros seguros de las ventas de casas.

LA CRIPTOLOGÍA EN EL PUNTO DE MIRA

Vitalik Buterin es uno de los siete cofundadores de Ethereum. Al principio, Buterin quería reconstruir la red Bitcoin para permitir el desarrollo de contratos inteligentes. Pero Bitcoin rechazó sus propuestas. Así que Buterin ayudó a desarrollar Ethereum.

Vitalik Buterin

EL FUTURO DE LA CRIPTOMONEDA

Muchos creen que las criptomonedas y otras aplicaciones de la cadena de bloques tienen un gran potencial. Sin embargo, la cadena de bloques es todavía una tecnología nueva. Por ello, todavía hay que resolver varios problemas.

Aunque las criptomonedas de cadena de bloques son difíciles de piratear, no es imposible. Las nuevas criptomonedas con pocos nodos son especialmente vulnerables. Esto se debe a que los piratas informáticos pueden alterar las transacciones en más de la mitad de los nodos. Esto se llama un ataque del 51%.

En algunos casos, los usuarios abusan de las criptomonedas. El bitcoin se utiliza regularmente en el mercado negro para comprar bienes y servicios ilegales. Y al igual que la identidad de Nakamoto es desconocida, los delincuentes que utilizan bitcoin pueden ser difíciles de identificar en la vida real.

En 2018, la criptomoneda Verge perdió 35 millones de verge, o 1.7 millones de dólares, en un ataque del 51%.

Los piratas informáticos han exigido bitcoins como pago por archivos informáticos robados.

A pesar de los problemas a los que se enfrentan las criptomonedas y la cadena de bloques, muchos siguen creyendo que estas tecnologías pueden mejorar la vida de las personas.

En algunos lugares, la corrupción puede influir en las elecciones políticas. Algunas personas creen que el uso de cadena de bloques para registrar los votos de la gente puede conducir a resultados más precisos. Además, un sistema de votación con cadena de bloques no almacenaría los nombres de los usuarios ni sus datos personales. Así, una persona no podría ser discriminada por su elección de voto.

Las criptomonedas también podrían tener efectos globales positivos. Casi 2,000 millones de personas en todo el mundo no tienen cuentas bancarias. Muchas son mujeres. Las criptomonedas pueden proporcionar independencia financiera a las personas que no pueden acceder a los servicios bancarios. Además, las criptomonedas pueden contribuir a la igualdad de género al permitir a las mujeres controlar sus propias finanzas.

En todo el mundo, hay un 7% menos de mujeres con cuentas bancarias que de hombres. Las criptomonedas pueden ayudar a cerrar esta brecha.

En 2019, había aproximadamente 2,950 criptomonedas en el mundo.

CONCLUSIÓN

Hoy en día, muchas personas utilizan criptomonedas. Algunas las utilizan para protegerse de los acontecimientos que afectan el valor de las monedas fiduciarias.

A medida que las criptomonedas se hacen cada vez más populares, es posible que más personas opten por vivir la vida sin moneda fiduciaria. Mientras más personas invierten en criptomoneda, la criptología seguirá manteniendo su información segura.

¡Descífralo! Crea tu propia cadena de bloques →●

Materiales
arcilla secada al aire libre
pincho de madera
rotulador permanente
pegamento

1. Haz varios bloques de arcilla, cada uno de 1 pulgada (2.5 cm) de ancho, alto y profundo.

2. Con un pincho de madera, haz un agujero en el centro de todos los bloques menos uno.

3. Introduce un extremo del pincho de madera en el centro del bloque restante. El pincho debe mantenerse en pie sin moverse. Este es el primer bloque de tu cadena de bloques.

4. Cada vez que hagas una compra, escríbela en un bloque con rotulador permanente.

5. Añade pegamento al bloque inferior. Desliza el nuevo bloque en el pincho. ¡El registro está pegado para siempre!

GLOSARIO

acción: una de las partes iguales en que se divide la propiedad de algo

algoritmo: conjunto de pasos utilizados para resolver un problema matemático o completar una operación informática

clave: la herramienta o recurso que ayuda a una persona a decodificar o descifrar un mensaje oculto

corrupción: comportamiento deshonesto o ilegal

datos: información en formato digital. Una base de datos es una gran colección de datos.

economía: el sistema por el que se fabrican, compran y venden bienes en un país

hash: cadena única de letras y números utilizada para identificar información

megabyte: unidad de almacenamiento de información informática

mercado negro: lugar donde se compran y venden bienes robados o ilegales

piratear: acceder ilegalmente a un sistema informático para robar información o causar daños. Alguien que hace esto es un pirata informático.

seudónimo: nombre falso

transacción: trato en el que se transmiten bienes o dinero de una persona o empresa a otra

MÁS INFORMACIÓN

beanz magazine: What is the Blockchain?
https://www.kidscodecs.com/what-is-the-blockchain/

Coinbase: Discover Cryptocurrency
https://www.coinbase.com/learn

Conley, Kate A. *Cryptocurrency*. Chicago: Norwood House Press, 2020.

January, Brendan. *Cryptocurrencies and the Blockchain Revolution: Bitcoin and Beyond*. Mineápolis: Twenty-First Century Books, 2021.

Kids News: What is Cryptocurrency?
https://www.kidsnews.com.au/money/what-is-cryptocurrency
-and-how-does-it-work-in-the-digital-world/news-story
/7f8105dbed5eb13916b379fab8b6c437

Kurtz, Kevin. *Cutting-Edge Blockchain and Bitcoin*. Mineápolis: Lerner Publications, 2019.

ÍNDICE